시 한 줄에 매달린 정

봉주르 박봉주 지음

오늘의문학사

시 한 줄에 매달린 정

일러두기

본문에 사용한 '〉'표시는 연과 연 사이의 '빈 줄'을 나타냅니다.

| 시인의 말 |

시조집 『시 한 줄에 매달린 정』을 내면서

덧칠한 원고지에
詩 한 줄
붙잡고서
山도 하나
옮겨보고
江 줄기를
바꿔 봐도
달빛은 구름을 띄워 제 생각을 감추네

펜 끝을 다듬으며
먼 생각
끄집으니
면발처럼
뽑혀 나온
굵고 가는 시어들
고명을 얹지 못했나 화장 없는 그 얼굴

| 목차 |

시인의 말 • 05

조나단의 꿈과 자유

AI 인간 • 13
챗GPT의 명암 • 14
성격유형검사(MBTI) • 15
드론 배달 • 16
보이스 피싱 • 17
서빙 로봇 • 18
이모티콘 • 19
내비게이션 • 20
K-콘텐츠의 열풍 • 21
트로트 공화국 • 22

비명 때리기

연리지(連理枝) • 25
매미의 허물 • 26
가택연금(家宅軟禁) • 27
가뭄 • 28
비명 때리기 • 29
대청호, 어떤 나무 • 30
춘분(春分) • 31
담쟁이덩굴 • 32
낙엽의 시간 • 33
낙엽의 일생 • 34
나의 뒤란 • 35
달항아리 • 36
낚시 • 37
안경(∞) • 38
파도 소리 • 39
세차 • 40
돌탑 쌓기 • 41
봄비 • 42

발길로 쓴 시

맨발 걷기 (1) • 45
맨발 걷기 (2) • 46
맨발 걷기 (3) • 47
웃는 얼굴 • 48
출렁다리를 건너며 • 49
천 년의 은행나무 • 50
천상의 정원 • 51
한반도 거꾸로 지형 • 52
미인도 • 53
그리움에 물들면 • 54
말 무덤(言塚) 1 • 55
말 무덤(言塚) 2 • 56
세금 나무 • 57
무한(∞)의 다리 • 58
퍼플 섬 • 59
진도, 운림산방에서 • 60
하늘 문 열다 • 61
마이산(馬耳山) • 62
사랑 터널 • 63
청와대 개방 • 64

고로쇠 詩 맛

사랑의 꽃 • 67
도루묵 • 68
감자의 삶 • 69
고로쇠 詩 맛 • 70
거꾸로 쓴 '福'자 • 71
별창(別窓)에 뜨는 달 • 72
디딤돌 • 73
행복한 이유 • 74
추억여행 • 75
책을 받고서 (1) • 76
책을 받고서 (2) • 77
책을 받고서 (3) • 78
책을 받고서 (4) • 79
책을 받고서 (5) • 80
책을 받고서 (6) • 81

봉주르의 사랑시 (2)

번개팅 • 85
입춘 • 86
꽃 선물 • 87
기도 • 88
가랑비 • 89
차이 • 90
어쩌죠 • 91
개화 • 92
사랑과 감기 • 93
빼빼로 데이 • 94
일출 • 95
TV 푸드 트럭 • 96
행복한 만남 • 97
대추는 왕 • 98
양양황금송이 칼국수 • 99
잃어버린 별 • 100
나만의 별 • 101
깨끗한 별 • 102
그 사랑이 나의 별 • 103
깊은 삶 • 104

작품해설_ 유준호_전 한국시조협회 부이사장 • 105

조나단의 꿈과 자유

AI 인간
  - 故 박인철 공군 소령과 엄마의 만남

아빠의 하늘이고
엄마의 품 같았던
조나단 꿈과 자유
꽃처럼 떨어진 날

그 슬픔
함량을 재니
가리키는 피눈물

기계 속 답답했나
세상에 뛰쳐나와
메마른 목소리로
'엄마'하고 부르니

애써서
감춘 허기에
눈물 강만 깊어라

* 아버지(공사 26기) 순직에 이어, 아들 공사 52기 故 박인철 공군 소령도 2007년 7월 서해안 상공에서 KF-16 야간 비행훈련 중 27세에 사고로 순직했다.
* 국방부가 AI 기술로 복원해 16년 만에 어머니와의 만남을 주선했다. (2023. 7. 5.)

챗GPT의 명암

다섯 개 사탕 중에 세 개를 먹었다면
두 개만 남는다며 핏대 세워 우겨대니
먹는 게 남는 거라는 우리 속담 모르냐

따뜻한 체온 없이 쏟아내는 바른말
깨끗하고 투명하나 듣고도 감흥 없어
마음은 받고 싶은데 숨 막히는 공감대

상처를 도려내는 이성의 칼날보다
아픔 먼저 보듬는 따듯한 가슴 되면
햇볕이 드는 틈새에 눈색이꽃 필거다

* 챗GPT : 대화형 인공지능 챗봇. 인간과 대화할 수 있으며, 논리적인 글을 만들어 낼 수 있다. 2021년 이후에 발생하는 사건은 알지 못한다. GPT〈Generative Pre-trained Transformer〉와 Chat의 합성어.

성격유형검사(MBTI)

홍보지 나눠주는 할머니를 지나쳤다
받을까 뿌리칠까 고민했던 내 마음에
왜 받아 던진 물음이 가시처럼 걸린다

뒷머리 잡아당긴 그 심통 궁금해서
MRI 기계 같은 MBTI 받아보려
번다한 주문 없이도 내 마음을 열었다

신경과 뼛속보다 마음을 들켜버려
감추고 싶은 무늬 탁본처럼 찍혀 나와
바꾸려 다시 받아도 변할지는 미지수

헹구지도 못했는데 남은 생 오르려니
툭 삐져나온 미움 곱다시 공굴리며
한바탕 웃고 잣는 삶 향기인 듯 가꾸리

드론 배달

순풍을 거스르는 자유의 고단함이
한 번씩 날갯짓에 관습도 허물어져
조나단 꿈 너머 꿈이 손끝에서 날으네

치느님 생각나서 배달앱 설치하고
손길 몇 번 스치니 번개처럼 내려와
허기진 상상을 뚫고 하늘에서 오는 맛

복잡한 도심 속을 가볍게 희롱하고
하늘의 맑은 식감 공짜로 안겨주니
드론의 은빛 햇살에 흔들리는 지상전

* 조나단 : 리처드 바크의 우화소설 『갈매기의 꿈』의 갈매기 이름. 자신의 꿈과 희망을 실현하기 위해서 평범한 삶을 거부하고 고단한 비행 연습을 한다. 조나단의 이러한 행동이 갈매기 사회의 관습을 깼다고 해서 추방당한다. 그러나 결국 완전한 비행술을 익혀 초현실적인 공간까지 도달하고, 동료들도 이끈다.

보이스 피싱

향기 좋은 떡밥을 여기저기 던지면
코끝을 벌렁거리며 공짜라 좋아하니
그 헛한 중심을 뚫고 미소 짓는 낚시꾼

눈 뜨고도 코 베일 강수강발 깔리면
한두 번 피했어도 플랜B에 또 걸려
속았다 입 다물어도 낚여버린 내 정보

당기는 낚시꾼과 밀치는 월척 사이
팽팽한 낚싯줄에 물결만 출렁이고
미늘에 꿰여 올라온 핏기 잃은 속울음

* 강수강발 : 링크하면 강제로 수신부터 강제로 발신까지 맘대로 하는 악성 앱.

서빙 로봇

24시간 반복 업무 지칠 만도 하건만
천성이 착한 건지 불평도 하지 않고
효율성 극한의 가치 그것만을 따른다

밤낮을 일하고도 한 달에 30만 원
부당한 노동계약 호소도 사치라며
그것을 천직으로 안 웃음없는 노동자

한 번쯤 꿈꿔왔던 노예의 소유주는
한마디 명령하면 숙이고 잘 따르니
세상의 온갖 지위를 다 누리고 사는 듯.

이모티콘

(ಠ,ಠ) (っ'-')╮=♡

날아온 상형문자

봐 달라 알아 달라
애원하는 표정 속엔

제 마음 몰라준다고
푸념하는 목마름

말없이 지은 표정
B급 감성 띄우면서

엉성한 매력으로
단숨에 파고드는

마법의 기호 앞에서
불립문자 배운다

* (ಠ,ಠ) : 슬퍼요.
* (っ'-')╮=♡ : 행복해요.

내비게이션

임에게 가는 길은
멀고도 험하구나
며칠을 새우고도
아직도 헤맨 미로
기필코
찾아가리라
굽이굽이 나선 길

내비를 달아보면
손쉽게 다가설까
어제도 찾았던 길
그 끝은 어디인지
오늘은
찾고 말리라
다잡으며 나선다

* Navigation : 자동차에 장착되어 길을 안내해 주는 장치. GPS를 활용한다. 우리 말 순화(길 도우미). GPS(위성항법장치)는 31개 위성이 지상 2만km 상공에서 지구 주위를 시속 11,270km로 지구를 공전한다.

K-콘텐츠의 열풍

던져진 황무지에 가녀린 꽃씨 하나
마른 숨 허덕이며 몇 번을 망설이다
햇살에 뜨거운 가슴 쏟아내고 싶었다

오천 년 뒷배경이 혼불이 되었을까
살얼음 밟고 가듯 현해탄 건너가서
쏟아낸 겨울연가는 일본열도 덮었네

높다는 할리우드 꿈의 성좌 앉으니
세계의 설레임이 꽃 보듯 눈길 쌓여
다양한 스펙트럼은 한민족의 비취색

트로트 공화국

목마른 잡초들이 이름 하나 얻으려고
인생을 풀어 담아 보듬어 가꾼 눈물
한 곡조 흐를 때마다 헤아리니 바다네

시 같은 가사 속에 눈물의 씨앗들이
흔들린 외줄 타고 한 올씩 풀어내니
한과 흥 깊은 무늬가 내 인생의 미션곡

절제된 때깔들이 극한의 고저 넘어
저마다 곡진한 삶 무명의 설움 뚫고
운율에 내 삶을 닦자 반짝이는 난초네

* 트로트 TV 프로그램
- TV조선 〈미스/미스터트롯〉 : 2019. 2. 28.~2023. 3. 16.
- SBS TV 〈트롯신이 떴다〉 : 2020. 3. 4.~2020. 12. 30.
- MBC 〈트로트의 민족〉 : 2020. 10. 23.~2021. 1. 8.
- KBS-2TV 〈트롯 전국체전〉 : 2020. 12. 5.~2021. 2. 20.
- MBN 〈불타는 트롯맨〉 : 2022. 12. 20.~2023. 3. 7.

비명 때리기

연리지(連理枝)

자유시는 아무래도 나에겐 다문화다
정신을 차려 가며 손발짓 다 부려도
멀찍이 돌아서 갈 땐 먼 산 보고 울었지

어쩌다 입은 시조(時調) 내 옷처럼 잘 맞아서
어설프게 화장해도 햇살 한 줌 얹어주니
보랏빛 씨줄 날줄로 웃음 엮는 나이테

가볍게 닿은 인연 평생에 반려될 줄
울다가 웃으면서 삼십 년 물든 사랑
수백 년 깊은 역사가 내 몸에도 흐르네

매미의 허물

등피가 벗겨지는 아픔을 걸어 놓고
햇살도 혼절하듯 짙게 푸른 연주곡
한 음계 높일 때마다 박수 소리 고와라

몇 년을 묵힌 원고 다시 펴 읽어보다
풀빛에 씻어내고 바람에 털어봐도
퇴색된 문장의 두께 벗겨내기 어렵네

얼마를 울어봐야 하늘빛 음색인가
멍울진 삶의 무늬 목청껏 풀어내도
찾을 듯 다듬다듬한 탄력 잃은 감성뿐.

가택 연금(家宅軟禁)
- 2022. 10. 06. 코로나19

물증도 없으면서 호소해도 소용없다
판사의 판결 없이 가택연금 당하고
사방에 감시하는 눈 부라리고 있었다.

탈출을 꿈꾸다가 창밖에 매미 소리
얼마나 좋으냐며 안부도 묻기 전에
내지른 '자유 자유'가 환청으로 들린다.

저 울음 반만 끊어 집안에 풀어 놓고
아픔 한 줌, 소리 한 줌 억지로 털어 넣고
쳐다본 하늘마저도 무더위 철망이다.

가뭄

언제부터 서 있었나 호숫가의 빈 의자
땡볕에 절인 삶이 거친 숨 내쉬면서
제 몸도 힘이 들 텐데 새 한 마리 앉았네

뼈와 살 말라가는 호수의 시름 속에
목마름의 신음을 갈대만큼 내지르며
메마른 호수의 가슴 함께 앓는 가래소리

비멍 때리기

바쁘게 허둥대는

내 삶의 속도 앞에

멈춰라 주문하는

촉촉한 푸른 소리

눈과 귀

열어야 오는

물속 같은

편안함

대청호, 어떤 나무

잿빛으로 스며든 내 아린 편린들이
생각에 파문 일어 호수를 휘저으면
흐르지 못하고 우는 목마른 나무 하나

물고기 유영하듯 쉽게 가는 길이 있나
촉촉한 숙성의 길 푸석이며 걷는 길에
바람은 만 가지 표정 윤슬로 반짝이네

맘 놓고 풀어내라 수만 결 이는 응원
목소리 가다듬고 씨줄 날줄 엮어내니
오리가 썼다 지웠다 내 마음을 풀어가네

춘분(春分)

봄빛을 나누자며 달려온 기별 있어
움츠린 망울처럼 춘설에 떠는 몸을
고향의 감자떡으로 봄바람을 안기네

음과 양 같은 날에 봄을 나눈 다정한 벗
지금쯤 갈아야만 가슴 넓은 뜰 된다며
봄볕을 가운데 두고 마주앉은 시 한 줄

세속의 얘기보다 햇살이 가득한 뜰
무심한 척 바람 한 점 가지 끝 머물더니
간지러워 흔들린 봄빛 웃음 하나 부시다

담쟁이덩굴

성벽을 타고 넘던
그 용맹 어디 가고
쩌벅쩌벅 군홧발에
무참히 밟히더니
역사를
피로 적시며
길바닥에 누운 병사

병법도 잊었느냐
은폐도 하지 않고
고지가 저기인데
생각부터 기었느냐
번개검
휘둘러대도
당당하게 맞서야지

낙엽의 시간

내 삶이 가볍다고 이리저리 휘둘리랴
처음엔 환호하다 외면당한 꽃잎처럼
처절히 기억을 지운 그런 사랑 아니다

애당초 먹은 마음 서릿길도 각오하며
집착도 내려놓은 누렇게 익힌 시간
볕살에 언어를 새긴 몸짓 붉은 사랑이다

내가 그린 지도에 그 속으로 떠날 때
나다움 묻어나서 아름다운 뒤안길
우수수 손뼉을 칠 때 그때쯤이 내 시간

낙엽의 일생

다홍으로 익던 세월 꽃처럼 웃으면서
벼락과 뙤약볕도 보약으로 삼키더니
바람이 치켜세울 땐 하늘도 휘저었지

바람도 무거운데 세월까지 얹어져
한 마리 날갯짓도 가슴 떨던 새가슴
떨어진 눈길 밑에서 어떤 생존 익힐까

나의 뒤란

아름다운 선율이 낙엽처럼 내리면
내 마음에 싹 하나 움트기 시작한다
상큼한 바람 맛 같은 시상이 지나가듯

오래된 추억 하나 소환되어 웃는 지금
박수치며 부르던 젊은 날의 도돌이표
한 움큼 돌릴 수 없는 내 뒤란의 기쁜 뜰

달항아리

본 듯한 얼굴인데 어디서 보았을까
멀리서 바라봐도 안기듯 푸근하고
바람만 스쳐 지나도 꽃향기로 뜨는 달

담백한 목마름에 동동주 한잔하고
살아온 이야기를 귀 기울여 들어보면
전설로 타고 내려와 빛으로 빚은 사랑

터엉 텅 비운 소리 평화롭게 울려와서
어둡고 깨진 소리 여기 와서 멈춰서니
각이 진 눈빛도 꺾여 동그랗게 머문 달

* 달항아리 : 조선백자 국보 제309호. 둥그렇고 원만한 모양과 유약의 유백색이 달의 빛깔을 닮았다고 해서 붙여진 이름이다. 최근(2023. 3. 27.) 조선백자 또 다른 달항아리가 미국 뉴욕 크리스티 경매에서 60억 원에 낙찰되었다.

낚시

시간이 머문 곳에
생각의 낚시 던져
손끝에 닿는 촉감
그 맛을 기다리다
하늘은
멋진 노을에
눈을 감고 말았네

사유의 두레박에
끌어올린 강물 소리
빈손에 담긴 것은
물인가 소리인가
눈 감은
깊이만큼을
끌어올 수 없는가

안경(∞)

육안이 무너지자 미몽으로 갇힌 세상
어쩌다 한 눈 뜨고
어쩌다 한 눈 감고
남 허물 흔들거리면 부질없이 뻐겼지

코 위에 걸친 세상 심안으로 눈을 뜨니
한없이 밝아지고
끝없이 아름답고
무한대 기호로 보니 돋아나는 새 빛깔

파도 소리

바람도 심란한지 봄여름 섞인 바람
이리저리 몸부림 치고 있는 파도여
오늘은 뭐를 보아도 아픈 소리 파도뿐

밤하늘 별빛에도 시리게 아픈 날에
하나 둘 세어가는 내 삶의 흔적들
해변 길 따라 걸어도 슬픈 소리 뒤따르네

갈매기 써놓고 간 모래밭에 주저앉아
알 수 없는 상형문자 하나하나 되짚으니
먼 세월 기쁜 인연이 머물고 간 자리네

세차

마음까지 때 절면
그제야 닦고 턴다
살갗이 반지르르
광택제 발랐는데
원죄를
못 벗어났는지
씻어내도 까만 차

먼지 묻고 냄새나도
흰 차를 샀더라면
겉만 슬쩍 닦아도
윤기가 흐를 텐데
못 벗어
안타까운 생
품고 사는 죄의식

돌탑 쌓기

물소리
바람 소리
예쁘게 다듬어서

돌 하나
마음 하나
얹으니 흔들흔들

또다시
중심을 찾는
詩지포스
운명애

* 시지포스 : 그리스 신화에 나오는 도시국가 코린토스의 왕. 교활하고 못된 지혜로 제우스의 미움을 사서 저승에 가게 되자 저승의 신 하데스를 속이고 장수했다. 결국 신들을 속이고 배반한 대가로 저승에서 무거운 바위를 산 정상으로 밀어 올리면 다시 밑으로 굴러 내려가는 것을 반복해야 하는 형벌을 받는다.

* 운명애(運命愛) : 니체는 불가피한 것을 견디는 데에서 그치지 않고, 그것을 사랑하는 태도를 아모르 파티(Amor fat : 네 운명을 사랑하라)라고 했으며, 그 운명애를 가진 사람은 위대하다고 역설했다.

봄비

징검다리 같은 혹한
아장아장 밟으니

메마른 땅심에도
꿈틀대는 피돌기

멍울진
어혈 풀리자
웃음 터진 홍매화

발길로 쓴 시

맨발 걷기 (1)
  - 강원도 양양, 모노골 산림욕장

솔향기 부른 산에 맨발을 내려놓고
칼날 같은 산등성이 작두 타듯 올라서니
지나온 몸 이야기가 파랗게 질려있다

발밑에 닿는 질감 자연과 소통하며
풀벌레 새소리가 깔아놓은 징검다리
하나씩 밟을 때마다 하얗게 웃어댄다

거친 숨 다독이는 산국화 저 웃음이
아파서 터져오는 즐거운 탄성으로
흔들린 시의 건강도 잡아주고 있었다

맨발 걷기 (2)
  - 강원도 양양, 모노골 산림욕장 약수터

산의 속살 밟을 때는 추운 줄 몰랐는데
씻으려고 앉은 물가 발끝까지 시려오네
솔향기 씻겨갈까 봐 조심조심 문지른다

쪼르륵 약수터는 푸르른 고향 소리
귀대고 들어보면 먼 세월 내려앉고
못다 핀 청춘의 꽃이 이순 넘어 웃는다

맨발 걷기 (3)
- 강원도 양양, 모노골 산림욕장

무더위에 지친 날
모노골을 찾으니

숲속의 공연장은
차고 넘친 생명력

팬클럽
환호의 색깔
소리 섞여 빛난다

내 무슨 호사 있어
풀벌레 초대에서

숨결 타고 흐르는
솔향기로 몸을 푸나

귀 적신
산의 음계로
푸르러진 내 마음

웃는 얼굴
- 강원도 양양, 오산리 선사유적박물관

바람과 흙과 함께 살다 가신 조상님은
춤추고 노래했던 별처럼 먼 얘기를
흙 속에 웃음꽃 심어 자랑하고 싶었나 봐요

농사짓고 고기 잡고 재미있게 산 흔적
동그랗게 눈을 뜨고 입 크게 벌린 모습
그 얼굴 표정만 봐도 다 알 수 있어요

볼 때마다 미소 지어 내 얼굴 다가가니
머언 님 오시듯이 눈웃음 스며들어
이웃과 마주할 때면 웃음꽃 피울게요

* 웃는 얼굴 : 양양 오산리 선사유적지에서 우리나라 최초의 웃는 사람 얼굴 토제인 면상(土製人面像), 캐릭터로 만들어져 양양 선사유적박물관을 대표하는 마스코트이다.

출렁다리를 건너며
 - 충남 논산, 탑정호

오색의 갈바람이 풀어놓은 호수에
두 마리 청둥오리 상형으로 띄운 시어(詩語)
자연의 수수께끼를 끙끙대며 풀어본다

저편의 마음 하나 줌(Zoom)으로 잡아당겨
불편한 내 마음도 물빛에 비춰보니
물속은 저리 깊은데 한 뼘만도 못 한 깊이

흔들린 나무라야 뿌리 깊게 내린다기
윤슬로 출렁인 길 피하지 못할 바엔
중심을 내려놓고서 푸른 웃음 새기자

* 탑정호 출렁다리 : 수면 12m 위에 길이 600m. 동양 최대 규모.

천 년의 은행나무
- 충북 영동 영국사 은행나무(천연기념물 223호)

낮달만 앉아도 휘어지는 세월 앞에
천 년의 깊은 얘기 가지 끝에 매달고
잔 볕에 지팡이 짚고 세상 구경 나선다

나도 한때 노랑머리 파랗게 염색하고
엽서 한 장 건네며 가슴으로 물들었던
한 젊음 뿜어내면서 청운 꿈을 꾸었지

살아온 삶의 무게 짓무른 상흔들로
새 한 마리 앉아도 천 년까지 흔들리고
먼 산사 풍경 소리가 달빛 함께 걷잔다

천상의 정원
  - 세상에서 제일 작은 교회당에서

오르막 계단 올라 좁은 문 들어서니
세상의 겉옷들을 벗어놓고 오라 하네
세월 속 키운 자존과 힘겨루기 하잔다

손바닥 크기만 한 두어 평 믿음의 방
들어서자 꽉 차 있는 십자가와 푸른 하늘
눈 감고 두 손 모으자 펼쳐지는 지난 날

바람이 읽어주는 침묵을 들으면서
비좁은 공간에서 한없이 넓은 생각
가난한 영혼 앞에는 굽어보는 십자가

* 별칭 '천상의 정원'의 공식 명칭은 수생식물학습원이다. 충북 옥천군 군북면에 있으며, 한국에서 가장 아름다운 호수정원으로 불리고 있다. 이곳에는 1.5평 (4.95㎡)의 세상에서 제일 작은 교회당이 있다.

한반도 거꾸로 지형
  - 충북 옥천 안남면 연주리, 둔주봉

내 허물 돌아보며 한 땀 한 땀 올랐는데
무엇이 꼬였는지 단단히 삐쳐있고
됐다며 손 내밀어도 돌아설 줄 모른다

아무리 구슬려도 돌아앉은 저 심보
하나하나 들출수록 하얗게 절은 자국
마법의 거울 보고서 본 모습을 찾았네

대륙을 호령했을 거치른 세월 건너
단아한 몸맵시로 흐르는 푸른 동맥
눈시울 뜨거운 산하 돌아서도 내 사랑

* 한반도 거꾸로 지형 : 충북 옥천 9경 중 1경, 둔주봉(384m)에 오르기 전 전망대(275m)에서 보이는 한반도 거꾸로 지형이며, 굽이굽이 금강 줄기가 만들어 낸 절경이다. 지형의 길이는 실제 한반도의 1/980 정도이며 동쪽과 서쪽이 바뀐 모습이지만, 대형 거울이 세워져 있어 거울로 보면 바른 한반도 지형 모습을 볼 수 있다.

미인도
- 충북 괴산, 산막이 길

색조로 단장하고

물길 따라 거닐면

누구보다 예쁘네

산막이의 처녀들

하늘도

유혹하는가

가슴 벌린 노을빛

그리움에 물들면
- 경남 사천시 대포항 조형물 〈그리움에 물들면〉

선 하나 그었는데 양귀비래 비너스래
하늘과 바다까지 걸쭉한 너스레에
오뚝한 콧날 보라며 나그네를 잡아끈다

푸르게 다가오다 수정처럼 흩어지고
환상의 실루엣이 그리움에 물들면
고개를 살짝 든 얼굴 어디를 지향하나

내 삶의 묵은 때를 파도에 씻기고
어렴풋한 시어(詩語)도 바람결로 털어내면
가볍게 달빛 앉히듯 붓 하나 잡고 싶다

* 경남 사천시 대포항 방파제 끝에 가면 최병수 작가의 6m 높이의 옆얼굴 윤곽선 〈그리움에 물들면〉 조형물이 있다.

말 무덤(言塚) 1
  - 경북 예천군 지보면 대죽리

옳거니 그르거니 각성바지 마을로
악다구니 산세에 재갈 바위 채우고
사발에 증오를 담아 제사 지내 묻었네

말은 같은 말인데 꿈이 서로 다르다며
마총(馬塚)이 아니고 언총(言塚)이라 불려서
동방의 판도라 상자 열어보고 싶었다

돌덩이에 얻어맞듯 와장창 깨진 생각
침묵보다 뛰어난 한마디를 되새기며
하늘빛 천년의 지혜 유산으로 빛나네

* 말 무덤(言塚) : 약 500년 전 마을에는 사소한 말이 불씨가 되어 문중 싸움으로 그칠 날이 없자 한 과객이 "지형이 개가 짖는 산세이니 개가 짖지 못하도록 바위로 누르고, 싸움의 발단이 된 나쁜 말을 사발에 담아 묻으라."고 했다. 이후 평온이 찾아왔다.

말 무덤(言塚) 2
　- 예천, 말 무덤(言塚)가 노송 아래서

소나무 그늘 아래 정적 괴고 앉으니
무심코 떨어지는 생각 없는 솔잎 하나
향기를 맡으려다가 코를 찔려 버렸다

옆으로 맡았으면 향기가 스밀 텐데
살피지도 못해서 송곳이 되었구나
솔바람 향기로워도 상처 되어 덧나네

솔향기 쏠린 뜰에 생각을 넘기면서
말보다 어눌한 글 고민 끝에 멈추고
소나무 木公된 사연 언총 너머 더듬네

* 목공(木公) : 진시황제가 시찰 갔다가 갑자기 만난 소나기를 소나무 아래에 피한 진시황이 소나무에 벼슬을 내려 나무선생이란 뜻으로 木公이라 부르게 했다. 소나무는 금줄, 땔감, 약용, 가구, 관까지 유익하여 나무의 공작(公爵), 木公으로 불림.

세금 나무
  - 경북 예천, 세금 내는 나무, 석송령(石松靈)

지리산 천년송은 나이로 대접받고
속리산 정이품은 벼슬로 드높은데
뙤약볕 한가운데서 밭 갈아 세금 내네

누군가 정성 들여 염원 하나 심어놓고
늘어진 과욕의 길 가지 치듯 잘라내서
먼 훗날 한 소절 꿈을 마음속에 품었지

꿈 하나 키운다고 온 동네가 보듬으며
볼품없는 가문에 이야기를 얹혔더니
나라님 하사금 담아 햇살로 뿌리셨네

비바람 친 나이테를 쪽빛으로 감으며
수백 년 기품으로 마을에 덕을 입혀
비단결 푸르른 그늘 새천년의 빛 되리

* 석송령(石松靈) : 최초로 세금 내는 나무. 천연기념물 제294호. 홍수에 떠내려온 어린 반송을 건져 개천가에 심었는데, 600년이 되었다. 일제 강점기 이수목(李秀睦)이란 사람이 자식이 없자 이 나무를 자식처럼 등기에 올리고 5,588㎡(약 1,690평) 재산을 물려주었다. 마을에서 송계(松契)를 만들어 공동관리하며 매년 세금 내고 나머지 수익금으로 장학 사업을 한다. 1985년 대통령도 하사금 500만 원을 내림.

무한(∞)의 다리
- 전남 신안군

낮에는 섬이 되고 밤에는 뭍이 되는
펄떡이던 바다가 꿈으로 출렁이면
별빛은 메아리 되어 쪽빛으로 빛난다

사랑을 앞에 두고 차마 못 볼 양이면
차라리 철썩이는 파도로 맴돌다가
그리움 울다 지치면 천년의 바위 되리

무한의 세월 속에 섬이 섬을 향해 걷듯
내 마음 눈을 감고 그대 이름 부르면
천사가 놓은 오작교 사랑 빛에 물들다

* 무한의 다리 : 전남 신안군 자은도(慈恩島)에 있으며, 무한대(∞)를 뜻하는 8월 8일 섬의 날을 기념하고 섬과 섬이 다리로 1,004m 연결하여 연속성과 끝없는 발전을 의미한다고 함.

퍼플 섬
   - 전남 신안군

반짝인 좋은 생각 어디서 구했을까
수천 년 잠을 자던 미지의 섬을 깨워
보랏빛 단장한 처녀 영락없는 천사네

천사의 섬에 들어 나의 죄 비춰보니
하늘과 땅 사이에 감출 곳이 없어서
철썩인 보랏빛 매질 뙤약볕에 벌서다

천년의 물 향기로 허물을 씻어내고
깔맞춤 치장하고 네 생각 물들이면
고운 빛 영그는 사랑 보라해를 새긴다

* 퍼플 섬(purple 섬) : 보라색 섬. 전남 신안군 천사(1,004개)의 섬 중에서 안좌도 – 박지도 – 반월도 3개 섬을 일컬음. 2021년 유엔 세계 최우수 관광마을로 선정.
* 보라해 : BTS 멤버 중 뷔가 팬클럽 아미(ARMY)에게 말한 신조어임. '사랑해(I love you)'보다 더 강렬한 '보라해(I purple you)'는 무지개의 마지막 색처럼 끝까지 변치 않고 팬들과 함께하겠다는 뜻.

진도, 운림산방에서

붓끝에 혼을 담아 일점일획 그으며
有와 無 공간 속에 삶의 빛 뿌려놓고
수묵화 깊은 산에서 길을 잃은 내 분신

고요한 손끝에서 피어난 먹빛 반란
거친 붓질 천 번에 꽃 한 송이 피우고
첨찰산 구름이 되어 자유롭게 떠도네

춤추는 먹의 농담〈濃淡〉금수강산 옮긴 듯
운림의 아침 해가 퍼진 먹을 거두니
울돌목 푸르른 울음 한반도의 혼되다

* 운림산방(雲林山房) : 조선 후기 남종화의 대가인 소치 허련(1808~1893)이 살면서 그림을 그린 곳. 자연유산과 역사 문화유산이 어우러진 곳으로 대한민국 명승 제80호이다. 소치(小痴) 허련(許鍊)은 초기에는 당대 최고 학승이라는 초의선사(草衣禪師)로부터, 그 이후 초의선사 추천으로 추사 김정희한테 시서화(詩·書·畵)를 배움. 소치 허련 가문에서 남도 전통 회화의 맥을 5대째 200여 년간 이어오고 있다.

하늘 문 열다
- 나로우주센터 〈누리호〉 발사 성공. 2022. 6. 21. (화)

아이의 눈빛으로 꿈을 좇아 본 하늘
그리운 별들은 가슴속 동화(童話)되고
생각이 생각을 넘어 무지개를 띄웠네

바람의 기도 소리 햇살을 품에 안고
손잡고 키운 꿈이 하늘 문 두드리니
열렸다! 하늘의 자손(天孫) 가슴 열고 반기네

마이산(馬耳山)
  - 전북 진안군

난시가 되었는지

글자마다 어둠이 져

차라리 입 다물고

돌부처로 나앉아

두 귀를

쫑긋 세우고

동풍이나 들으리

* 이태백은 친구 왕십이(王十二) 시인의 시에 화답 시로 '아무리 좋은 시(東風)를 써도 세상 사람들의 귀는 말귀(馬耳)다'라며 馬耳東風은 시인의 처지를 서로 한 탄함.

사랑 터널
  - 충남 보령군, 보령해저터널(대천항-원산도)을 지나며

아직도 내 바다엔 다 부르지 못한 노래
소금기 절인 꿈을 한세월 쏟아내도
비린내 묻은 별빛만 아려오던 대천항

수천 년 에인 사랑 쪽빛으로 더 아프고
밤새운 하얀 기도 철썩이며 울부짖다
멀어진 파도 끝에서 굳어버린 원산도

서로가 그립다고 일월로 출렁이더니
먼 세월 언약들이 윤슬로 꿰어지고
손잡은 바다 감성을 햇살처럼 안았네

* 보령해저터널 : 충남 보령시 대천항에서 원산도를 잇는 6,927m로 세계에서 5번째로 긴 해저 터널. 종전 90분에서 10분으로 단축.

청와대 개방

아득히 높은 곳에 발톱 감춘 날짐승이
최상위 포식자로 햇빛도 가렸던 곳
공기 맛 다르다면서 내려보며 살았지

땅바닥 꺼지도록 쿵쾅대던 길짐승이
헛기침 에헴 하면 낙엽처럼 엎드렸고
이 맛에 산다 하면서 휘젓던 그곳이다

이제야 찾은 하늘 자유 공기 흐르고
잠겼던 빗장 풀자 반짝이는 웃음들
어둡던 역사 우리에 봄 햇살이 부시다

고로쇠 詩 맛

사랑의 꽃
 - 아들 결혼식(2021. 1. 23.)

오늘은 축복의 날
햇빛 더욱 고와서

눈부신 사랑의 꽃
박수 소리 받으니

푸르른 발자국마다
봄빛 가득 웃는다

도루묵
- 동일식당 사장님

동해의 일출 대신 도루묵을 보냈다며
장난기 묻어나는
목젖 아린 파도 소리
고향 맛
잊지 말라고
양념까지 보냈네

정다운 눈빛 하나 푸른 달로 돋는 자리
애틋한 초저녁에
파도 소리 잡아당겨
기울던
술잔 언저리
이랑 고랑 꽃이 피네

감자의 삶
- 돌 고탁 친구에게

강원도의 감자는 흔들바위 닮았다
졸리는 바람 깨워 수없이 흔들면서
각이 진 세상을 향해 둥글어라 외친다

모난 성격 없애려 강판에 갈아대니
까칠하게 박힌 옹이 편편이 잘려가고
넉넉한 마음 하나가 쫀득하게 익었다

고로쇠 詩 맛
  - 설악산 고로쇠 수액을 받고서

설악의 바람결로 감겨진 나이테에
뿌리 깊이 닿아서 끌어올린 영혼의 샘
詩 맛이 솟구치도록 마중물로 마신다

뿌리서 자란 언어 봄의 전령 깨우면
영혼의 눈을 뜨고 일어난 따슨 기운
목 타는 시의 젖줄로 기웃거린 가지 끝

메마른 원고지에 봄 촉을 밝힌 한낮
심약한 뼈마디를 올곧게 세우고자
뼛속에 심지 하나를 불태우는 나무여

거꾸로 쓴 '福'자
 - 고향 積山 시인으로부터 받은 새해 선물

물속에 잠긴 산에 꿩 소리 출렁이고
그 소리 물에 헹궈 획 하나 그어대니
조용한 화선지 위에 평지풍파 일고 있다

거꾸로 붓 잡았나, 생각을 뒤집었나
수없이 쏟아지는 의문이 흘러내려
연어가 거슬러 오르듯 굽이치는 남대천

백두대간 타던 힘을 붓끝에 밀어 넣었나
직진했던 생각을 거꾸로 읽어보니
엎어진 글자 속에도 들어앉은 설악산

福에서 흘러나온 아스라한 문자향이
눈 되고 별이 되어 상서롭게 빛나니
다가선 글자의 마력 헤아리기 벅차네

별창(別窓)에 뜨는 달
- 문정(文庭) 시인의 별장(別莊)에서

시심으로 공글리다 달이 뜨는 언덕에
한 접시 바람 위로 풀 향기 담아내니
세상과 맞섰던 눈빛 시름마저 풀리네

별창(別窓)의 마을은 저녁마다 공연인가
타고난 저마다의 화려한 춤사위로
뭉쳤던 삶의 피로가 스르르륵 녹는다

뜰팡의 꽃향기도 풀벌레 소리 입혀
그 소리 따라가니 시문보다 뛰어나서
팔 벌려 줍기도 바쁜 반짝이는 시어들

아직도 펜 끝에는 풀 향기의 여운이
달빛이 출렁이면 푸른 생각 다시 일어
시어는 호수를 품고 윤슬로 반짝인다

디딤돌

꽃길만 걸으라는 그 마음 알지마는
마음을 찡그리며 걸었을 발자국들
눌러서 마음 아픈 길 후회하며 폈던 길

뜰아래 디딤돌에 숨구멍을 뚫었더니
새 울던 푸른 바람 얼싸안고 돌더니만
눌렸던 꽃송이 하나 환하게 펴올랐네

행복한 이유
 - 솔향 남상선 수필가님의 글을 읽고

제자의 따듯한 손 인술로 돌고 돌아
육신으로 아픈 스승 자비롭게 살피니
숭고한 제자 속정에 여울지는 사랑의 빛

아삭거린 사과 맛에 제자가 생각나서
부족한 마음 몇 개 온혈까지 보내려고
문 열자 배달된 택배 발신인이 그 제자

초인종 울리기에 문 열고 확인하니
문고리에 걸린 사랑 별꽃처럼 눈부시어
몸에 밴 봉사의 뜨락 훈훈함에 따습네

베풀지도 못한 사랑 육신까지 병이 들어
자신의 아픔인 양 챙겨주는 천사들
날 위해 기도한 사랑 아프지만 행복하네

추억여행
 - 동창회 여행(2022. 10. 20.~21.) 충북 제천

이제는 저질러야 내 것이라 생각하며
종소리 따라 뛰던 소꿉친구 만나서
락이라 생각하면서 은빛 여행 떠났네

노랗게 익은 햇살 세월 잊은 청춘들
광속의 조명 속에 그 시절 다시 찾아
현재는 아름다워라 노래하며 즐겼지

석양이 질 무렵엔 구름이 아름답지만
태양이 솟을 테니 아쉬워하지 말고
환하게 웃고 지냈던 그 시절 품고 살자

* 동창회 추억여행을 아름답게 수놓은 세 분(회장, 총무, 사회자) 친구 이름 석 자를 넣어 시조로 지었음.

책을 받고서 (1)
- 대전한문연수원 효명 최화복 초대원장님 명저 『효명작명』를 받고

사유(思惟)의
붓끝에서
뒤척이던 가슴앓이

깊은 덕목
격물치지(格物致知)
작명으로 풀어져

고웁게
빗은 햇살처럼
다시 뵙는 님의 모습

책을 받고서 (2)
- 목사 성실환 시인님 시집 『그리움의 다리』

성령의 부름으로

하얗게 지샌 끝에

실마리 풀어내며

그리움의 다리 놓자

환하게 떠오른 태양

손잡고서 건너자

책을 받고서 (3)
- 사공 김춘경 시인님 시집 『바람의 말』

김 서린 호수 위를

사공이 노 저으며

춘설에 떠는 꽃순

쓰다듬는 바람의 말

경서를 펼쳐놓고도

찾지 못할 시어다

책을 받고서 (4)
- 양혜순 시인님 시집 『당신이 있어 세상은 아름답다』

양처럼 고운 심성

일월로 갈고 닦아

혜안으로 찾은 봄빛

문장을 지어내니

순정한 시들로 빛나

세상은 아름답네

책을 받고서 (5)
 - 김화자 시인님 시집 『목척교 연가』

김 서린 안경 너머
꽃바람 일렁이듯

화려한 옛 시절을
시심으로 다시 그려

자서전
펼쳐지듯이
읽혀지는 고운 님

책을 받고서 (6)
- 문상훈 수필가님 수필집 『남대천 개미의 유랑』

문장이 세련되고

삶의 질 반짝거려

상선약수 뜻처럼

자연스레 스며드니

훈제된

연어 맛처럼

온 세상에 퍼지리

시 한 줄에 매달린 정

박봉주 시조집

봉주르의 사랑시 (2)

번개팅

하늘과 땅 사이에
푸석한 그리움인데

느닷없이 울려오는
그대의 팡파르 ♪ ♬

갈증 난
마음의 밭에
기쁨으로 피는 꽃

입춘

언제 한번 오라고
기별은 받았지만

떨리는 그리움에
생각만 쌓이다가

그대를
보러 가는 날
일렁이는 꽃바람

꽃 선물

꽃이 예뻐 미소로
바라보고 있는데

꽃말까지 예쁘다니
얼마나 감사한지

덤으로
나비 한 마리
춤추며 따라오네

기도

꽃 한 송이 들고서
그대 향해 달립니다

바람 탄 구름처럼
온산을 훌쩍 넘어

꽃향기
기도에 담아
내 마음을 전합니다

가랑비

그대에게 가는 길
기쁨이 앞서지만

파도처럼 뛰던 심장
차분히 잦아들고

들뜨고
실수할까 봐
가랑비가 내립니다

그리움에 젖지 않고 누가 사랑 말하랴
소리 없이 다가와 마음 깊이 스밀 때쯤
사랑이 찾아왔는지 열꽃까지 핍니다

차이

너는 꽃을 좋아하고
나는 너를 좋아하고

서로가 달라도
너무나도 다른데

우리는
어떻게 해서
마주 보고 웃나요

어쩌죠

사랑은 같은 곳을
바라보는 거래요

그대는 달을 보고
나는 그대 눈을 보고

어쩌죠
그대 눈 속에
달이 들어 있는데

개화

당신의 웃음소리
햇살처럼 출렁이면

살포시 그리움도
가지 끝에 춤추고

시 한 줄
매달린 정이
꽃송이로 핍니다

사랑과 감기

사랑과 감기는
숨길 수가 없대요

감기에 걸리면
열꽃이 피듯이

사랑도
잡히게 되면
웃음꽃이 피잖아요

빼빼로 데이

빼빼로를 고르다가
잠시 고민 중이야

11월 11일 빼빼로 데이
왜 크고 말라야 돼?

둥그런
그대와 같이
넉넉하면 좋은데

일출

한 발짝 내려서서
한 발짝 올라서서

손마저 모자란지
마음으로 맞잡은 손

뜨겁게
안기는 태양
숨도 멎는 사랑아

TV 푸드 트럭

청년 창업 푸드 트럭
장사 비결 배우다가

재료 많이 준비했는데
벌써 다 떨어졌대요

당신을
향한 언어는
준비해도 다 못쓰는데.

행복한 만남

씨앗은 흙 만나야
싹 트고 열매 맺고

물고기는 물 만나야
숨 쉬고 새끼 낳고

사랑은
유머를 만나야
즐겁고 행복하대요

대추는 왕

이쁜 아씨 손길 닿자

얼굴 붉힌 대추 보소

사랑을 모른다며

잎 뒤에 숨어 봐도

당신은

왕이로소이다

사랑도 왕

맛도 왕

양양황금송이 칼국수

쌀쌀한 날씨 탓에

따끈한 그대 생각

천년의 향 송이 넣고

삶의 무늬 우러내니

한 말씀

하실 때마다

귀에 담는 그 향기

잃어버린 별
- 몽골의 하늘에서 별을 찾다

언제부터 잊었던가

어디서 잃었는가

밤하늘 별 만나기

하얗게 지워버린

그 눈빛

희미한 추억

콜록대며 가는 달

나만의 별
- 몽골의 하늘에서 별을 찾다

가슴에 별 하나쯤

품고 살 수 있을까

외로울 때 꺼내보고

즐거울 때 나눠 갖는

나만의

사랑 하나를

감춰두고 싶었다

깨끗한 별
- 몽골의 하늘에서 별을 찾다

별 무리 속에 묻힌 내 별을 톺아봤다

큼직했다
여유 있게 살라는 거겠다

밝았다
웃으며 즐겁게 살라는 뜻이겠다

따듯했다
온정을 나누며 살라는 의미겠다

아름다웠다
그리움을 잃지 말라는 주문이겠다

깨끗한 별 하나 품고 세상으로 나왔다

그 사랑이 나의 별
- 몽골의 하늘에서 별을 찾다

쏟아진 별빛으로

마음을 씻으면서

오고 가는 표정 속에

내 별을 찾아보니

눈 감자

떠오르는 빛

그 사랑이 나의 별

깊은 삶
- 몽골의 하늘에서 별을 찾다

별들이 빛을 내야

아름다운 밤이 된다

초원에 꽃이 펴야

아름다운 낮이 된다

별과 꽃

품고 살고파

대자연에 무릎 꿇다

현실세계에 노정(露呈)된 시혼들

– 박봉주의 시조집 『시 한 줄에 매달린 정』에 붙여

전 한국시조협회 부이사장 유 준 호

- 작품 해설

현실세계에 노정(露呈)된 시혼들
 - 박봉주의 시조집 『시 한 줄에 매달린 정』에 붙여

전 한국시조협회 부이사장 유 준 호

예명 봉주르로 잘 알려진 박봉주 시인이 일곱 번째 시조집 『시 한 줄에 매달린 정』을 상재한다. 먼저 축하의 말씀을 전한다. 박봉주 시인은 강원도 양양에서 태어나 대전에 와서 자리 잡고 대전광역시교육청에 근무하면서 1994년 《현대시조》로 등단하고, 1998년 〈충청일보 신춘문예〉에 당선되어 지금까지 여섯 권의 시조집과 『작은 수첩으로 본 유럽 여행기』, 『유머를 알면 인생이 바뀐다』를 상재하고 시인이자 유머리스트로서 대학교, 기업체, 공공기관에서 유머와 시조, 그리고 한자의 유명 강사로 이름을 날리고 있다.

일찍이 대전문인협회 사무국장과 한밭시조시인협회 사무국장으로 오랫동안 활동하였으며, 2016년부터는 이 고장 시조의 뿌리인 가람문학회 회장을 맡아 활동하며 이 지역 시조 문단을 이끌어가고 있다. 박 시인은 작품을 늘 새롭게 쓰려고 노력하는 시인으로 시대성에 민감한 시어를 등장시켜 새로운 시조의 면모를 보이는 작품을 창출해 내고 있다. 2020년에 발표한 시조집

『봉주르의 사랑시』를 통해서 젊은 층의 호응을 받더니 이번 작품집에서도 신세대들이 주로 사용하는 언어방식과 새로 등장하는 신조어와 문명어를 시어로 사용하여 기존의 세대들이 느끼는 시적 감흥과는 사뭇 다른 정서적 감흥을 유발하게 하고 있다. 특별한 수사를 통한 미적 감흥이나 깊이 있는 언어 구사는 물론 때에 따라 젊은 청소년층에서 주로 사용하는 언어를 등장시키고 있다. 그리고 첨단과학 시대의 문학이라 할 만큼 조립된 언어들이 등장하여 기존 언어 진술에 익숙한 이들에게는 다소 낯선 느낌을 자아내게 하고 있다. 요즘 사회를 최첨단 사회라고 하는데, 이런 사회 현상을 시조에 도입하여 형상화한 시인이 바로 박 시인이라고 하겠다. 특히 주목되는 것은 시조에서 새로운 이미지를 창출하여 시적 신선감을 자아내는 점이다.

  향기 좋은 떡밥을 여기저기 던지면
  코끝을 벌렁이며 공짜라 좋아하니
  그 헛한 중심을 뚫고 미소 짓는 낚시꾼

  눈 뜨고도 코 베일 강수강발 깔리면
  한두 번 피했어도 플랜B에 또 걸려
  속았다 입 다물어도 낚여버린 내 정보

  당기는 낚시꾼과 밀치는 월척 사이
  팽팽한 낚싯줄에 물결만 출렁이고
  미늘에 꿰여 올라온 핏기 잃은 속울음
    -「보이스 피싱」전수

통신기기를 이용하여 선량하고 순진한 사람들에게 접근하여 금융 기관이나 유명 전자 상거래 업체를 사칭하여 그럴듯한 말로 꾀어 개인의 금융 정보를 빼내 범죄에 사용하는 범법 행위 범죄가 보이스 피싱이다. 그러다 보니 수시로 정부 기관 특히 정보 경찰 등으로부터 이를 경계하는 메시지를 전달해 주기는 하지만 뛰는 놈 위에 나는 놈 있다고 그 술책이 이를 뛰어넘는 기발한 방법이 새로이 자꾸 등장하여 그 피해자가 멀쩡한 지식인까지 이르는 지경이 되었다. 이는 속아 넘어가는 이의 속성을 교묘히 이용하여 멀쩡한 대낮에 코 베어 가는 꼴을 만들고 있다.

이 작품은 이런 사회적 실상을 표현하고 있다. 우리가 흔히 하는 말에 공짜는 소도 잡아먹는다고 하는데 이런 심리를 교묘히 이용하여 이를 사기의 밑밥으로 던져놓고 있음을 작품 첫머리에 제시하고 있다. '떡밥'은 보이스 피싱이 피해자에게 던지는 '사기의 꾐의 밑밥이다. 피해자들을 물고기로 상정하고 표현한 말이다. 여기서 낚시꾼은 보이스 피싱을 하는 자들이다. 그들은 자기들 꾀에 넘어가는 이들을 보며 즐거워하고 있다. 이것이 첫수라면 둘째 수는 스마트 폰이나 태블릿 피시 같은 데 강제로 악성 앱을 깔도록 유도하여 이를 통하여 정보를 빼내 1차에 실패로 끝났던 그들의 계략에 빼낸 정보를 이용하여 다시 걸려들게 하여 (플랜B) 피해를 입히는 것을 표현하고 있다. 그리고 마지막 수에서는 그들의 계략에 걸려들지 않으려는 이와 그들 보이스 피싱들의 겨룸에서 팽팽한 긴장감 속에 결국은 피해자들이 걸려들어 슬픔에 잠기는 모습으로 작품을 끝맺음하고 있다. 21세기는 기존의 직업군이 하나둘 사라지며 새로운 직업군이 생긴다더니 이 전자 시대의 도둑인 보이스 피싱도 직업이 되어 이에 끼어들 줄 뉘

알았으랴.

    24시간 반복 업무 지칠 만도 하건만
    천성이 착한 건지 불평도 하지 않고
    효율성 극한의 가치 그것만을 따른다

    밤낮을 일하고도 한 달에 30만 원
    부당한 노동계약 호소도 사치라며
    그것을 천직으로 안 웃음 없는 노동자

    한 번쯤 꿈꿔왔던 노예의 소유주는
    한마디 명령하면 숙이고 잘 따르니
    세상의 온갖 지위를 다 누리고 사는 듯.
        -「서빙 로봇」 전수

「서빙 로봇」 이것도 새로이 직업군으로 등장한 첨단과학의 산물이다. 음식점이나 카페에서 음식을 나르며 손님 시중을 드는 인공지능 기계로 사람이 하던 일을 사람 못지않게 해내는 로봇이다. 기계이기에 사람이라면 지칠 만도 한데 24시간 하루 종일 시중을 들고 있으면서도 불평 하나 하지 않고 묵묵히 최선책을 찾아 일을 하고 있는 로봇의 노동하는 모습이 첫수에 보이고, 둘째 수에서는 밤낮없이 박봉 속에 서빙 노동을 하면서도 인간이라면 부당노동 계약이라고 난리를 칠 텐데 말 한마디 없이 그걸 천직으로 알고 무표정한 모습으로 일만 하는 노동자가 이 로봇임을 말하고 있다. 마지막 수에서는 이 서빙 로봇을 부리는 주인은 자기 마음대로 부려 먹을 수 있으니, 세상의 온갖 지위를 다 누리고 사는 꼴이 되고 있다고 하여 피동적인 무표정의 서빙 로봇과 이를 부리는 이의 교만하고 오만함을 교묘히 대비시켜 표현하고 있다. 이 작품을 찬찬히 살펴보면 작품의 바닥에 풍유적인 빗댐의 표현이 숨어 있다. 쉽게 읽히는 시조지만 거기에 담긴 정서는 그윽하다.

꘎꘎꘎ (ɔ'-')ﾉ ≡♡
날아온 상형문자

봐 달라 알아 달라
애원하는 표정 속엔

제 마음 몰라준다고
푸념하는 목마름

말없이 지은 표정
B급 감성 띄우면서

엉성한 매력으로
단숨에 파고드는

마법의 기호 앞에서
불립문자 배운다
  -「이모티콘」전수

이 「이모티콘」이란 작품 첫머리를 보고 시조에 이런 기호도 등장하여 표현 언어가 될 수 있음에 놀랐다. 젊은이들이 스마트폰에서 톡을 할 때 대화 속에 암호화하여 등장하던 것이 시조의 언어가 되어 나타난 것이다. 이것이 세대 차인가, 나는 도무지 무슨 뜻인지 몰랐는데 시조 밑에 주(註)로 달아놓은 것을 보고 이것이 '슬프고 행복하다'는 뜻임을 알았다. 이도 일종의 상형문자이기에 그 모습이 그런가 보다 하고 주(註)에 달린 모습을 보니, 우는 얼굴, 사랑받는 얼굴로 추리되었다. 지은이도 평자와 같은 심정으로 작품을 쓴 듯하다. 숫자나 기호로 만든 재미있는 모양이 영 낯선 이가 적지 않다. 나도 그 한 부류이다.

시인은 이 상형문자를 보면서 이 상형문자가 짓는 표정이 비록 글자는 못 되지만 보고 알아봐 달라고 애원하는 표정을 느꼈고, 그 모습을 모르는 이들을 향해 제 모습을 왜 몰라 주냐고 애타고 목마르게 푸념을 하고 있다고 시인은 첫수에서 이모티콘의 심정을 대변해 주고 있다. 이어서 둘째 수에서는 아마도 시인이 이를 이해해 주니 '이모티콘'이 기쁜 감성을 띄우며 시인의 감성 속을 파고들어 시인도 비로소 이 기호를 통하여 불립문자의 전달성을 느끼고 있다. 신세대를 이해하려는 시인의 마음 씀이 느껴지는 작품이다. 이 작품은 일찍이 60년대에 임영창(林泳暢. 1917~2001) 시인의 형이상학적인 시조를 떠올리게 한다. 임 시인은 1968년 시조문학에서 작품 속에 EGO란 말을 등장시킨 형이상학적 작품을 발표하고 그 후에도 작품 속에 로그, 적분 등을 사용한 작품을 발표하여 그 해석이 어렵고 난해하여 그냥 추측으로 작품을 이해했는데 그 생각을 다시 들게 한 작품이 바로, 이 시조이다. 이 시조는 그래도 '이모티콘'을 주(註)에 달아놓아 그

보다는 이해하는 데 용이함을 느꼈다.

 던져진 황무지에 가녀린 꽃씨 하나
 마른 숨 허덕이며 몇 번을 망설이다
 햇살에 뜨거운 가슴 쏟아내고 싶었다

 오천 년 뒷배경이 혼불이 되었을까
 살얼음 밟고 가듯 현해탄 건너가서
 쏟아낸 겨울연가는 일본열도 덮었네

 높다는 할리우드 꿈의 성좌 앉으니
 세계의 설레임이 꽃 보듯 눈길 쌓여
 다양한 스펙트럼은 한민족의 비취색
  - 「K-콘텐츠의 열풍」 전수

K-콘텐츠는 유무선 통신망을 통해 주로 한국의 음악, 영화 등을 디지털정보로 지구촌에 전달하고 있는 한국적 문화이다. 시인은 이를 '가녀린 꽃씨 하나'라고 표현하고 있다. 우리의 문화적 혼이 세계적인 관심을 받게 되어 빛나는 열풍의 주인공이 되기까지의 과정을 표현한 작품이다. 이 「K-콘텐츠의 열풍」은 처음에는 이런 문화풍토가 전혀 형성되어 있지 않은 문화의 황무지에서 하나의 '가녀린 씨앗'으로 떨어져 숨 가쁜 과정을 거치며 신음하면서도 밝은 세상을 향한 고유의 혼을 쏟아내어 가까스로 이를 성취하였음을 첫수에서 말하고, 둘째 수에서는 이 한국적인 콘텐츠는 갑자기 툭 튕겨서 만들어진 것이 아니고, 오천 년 역

사를 자랑하는 축적된 우리 문화의 산물로 태어난 우리 민족의 혼불로 조심스레 현해탄을 건너 일본으로 가 뜻하지 않은 열풍으로 민족의 콘텐츠가 된 '겨울 연가'가 그 단초가 되었음을 말하고, 이는 일본 열도를 넘어 세계적인 문화의 전당 할리우드에까지 진출하여 세계를 설레게 하고 세계적인 이목의 중심이 되었으며, 이를 발판으로 하여 우리 민족의 다양한 문화 콘텐츠는 스펙트럼처럼 반사 확산되어 우리의 민족문화가 아름답고 고운 비취색 문화가 되었음을 표현하고 있다. 세계적인 명성을 얻은 우리 문화는 영화뿐 아니라 K-팝으로도 전 세계를 풍미(風靡)하고 있다. 이는 우리 민족의 영광이며 자랑이다.

  목마른 잡초들이 이름 하나 얻으려고
  인생을 풀어 담아 보듬어 가꾼 눈물
  한 곡조 흐를 때마다 헤아리니 바다네

  시 같은 가사 속에 눈물의 씨앗들이
  흔들린 외줄 타고 한 올씩 풀어내니
  한과 흥 깊은 무늬가 내 인생의 미션곡

  절제된 때깔들이 극한의 고저 넘어
  저마다 곡진한 삶 무명의 설움 뚫고
  운율에 내 삶을 닦자 반짝이는 난초네
      -「트로트 공화국」전수

이 작품의 시적 자아는 객관화된 '나'이다. 이 '나'는 트로트 가수를 꿈꾸는 무명 가수이다. 이들을 어엿한 가수의 길로 발탁 안내하려는 TV 프로그램이 시조의 아래에 주(註)로 제시되어 있다. 이 제시된 프로그램에서 무명인 트로트 가수 지망생은 여기에 운명을 걸고 이에 도전하고 있다.

  첫수에서는 아직 가수로서 다듬어지지 않은 존재를 '목마른 잡초'라고 표현하고 있다. 이들은 가수란 이름을 얻기 위해 자기 인생을 다 풀어 담아 눈물 나도록 노력하니 그 부르는 곡조마다 그의 가슴을 바다처럼 틔워주고 있다. 노력의 결과에 따라 유명 가수의 길이 열리는 느낌을 표현한 부분이다. 둘째 수는 시 같은 가사, 아름다운 영혼이 스민 가사 속에는 애절한 눈물의 씨앗이 맺혀 있다. 이는 오로지 가수의 길을 향한 집념으로 그 사연을 풀어내니 그 가사와 가락 속에 한과 흥이 무늬를 이룬다. 이는 곧 시적 자아가 바라는 인생길 전환의 멋진 미션곡이 되고 있다고 그 마음의 성취를 표현하여 보여주고 있다. 마지막 수에 이르러서는 '절제된 때깔' 즉 잘 골라진 음의 색깔들이 '극한의 고저'를 이루어 더할 수 없는 곡진한 삶과 무명의 삶을 뚫어내고 성공의 빛살이 삶 속에 반짝인다며 무명의 잡초가 고급스러움을 자랑하는 난초 같은 존재가 되어 누구나 마음의 향기를 느끼는 존재가 되었음으로 마무리하고 있다. 무명 가수인 잡초가 유명 가수인 난초가 되는 치열한 경선 과정을 순차적으로 묘파한 작품이다.

  물증도 없으면서 호소해도 소용없다
  판사의 판결 없이 가택연금 당하고
  사방에 감시하는 눈 부라리고 있었다.

〉

탈출을 꿈꾸다가 창밖에 매미 소리
얼마나 좋으냐며 안부도 묻기 전에
내지른 '자유 자유'가 환청으로 들린다.

저 울음 반만 끊어 집 안에 풀어 놓고
아픔 한 줌, 소리 한 줌 억지로 털어 넣고
쳐다본 하늘마저도 무더위 철망이다.
　　　　－「가택연금(家宅軟禁)」전수

　한국 질병관리청에서는 코로나19 해제를 서두르고 있는데 갑자기 요즘 발표를 보면 6, 7만 명의 확진자가 발생하여 자가 격리 조치를 하고 있다는 뉴스가 나오고 있다. 격리당하면 혼자 앓아야 하고 누구의 정상적인 도움을 받기도 힘들게 된다. 거기다 엎친 데 덮친 격으로 사방에서 쳐다보며 감시하고 있으니 죄 없이 죄수 노릇하는 꼴이 되고 있다. 이런 모습이 첫수에 나타나 있다. 인간은 반사 심리가 많다고 하는데 갇혀 있으면 더욱 풀려나고 싶고 안에만 있으라 하면 밖으로 나가고자 하는 심리가 강해지는데 이 시조의 시적 자아도 그렇다. 집 안에 격리되어 있으니, 자유를 박탈당한 느낌이 들어 탈출의 꿈을 꾸게 되고 마음껏 외부를 돌아다니고 싶은 마음이 들어 그 간절함이 '자유, 자유'란 환청으로 들렸다. 자유로운 매미 소리가 자연 속에 있고 싶은 감정을 고조시키고 있다. 그래서 매미의 자유로운 울음소리 '반만 끊어' 그 자유 기운을 '집안에 풀어놓고 코로나에 걸린 시적 자아의 아픔을 거기에 털어 넣고 싶어 하고 있다. 그러나 자유가 깃

든 밖의 하늘마저 지금은 무더위가 철망처럼 둘러쳐 있다. 이에 코로나 걸린 시적 자아는 마음이 답답하다. 코로나로 인한 자가격리는 조금은 자유가 있기에 가택연금이라고 표현하고 있다. 코로나로 갇혀 지내는 이의 답답함과 자유를 그리는 심정을 엮어 표현한 작품이다.

성벽을 타고 넘던
그 용맹 어디 가고
쩌벅쩌벅 군홧발에
무참히 밟히더니
역사를
피로 적시며
길바닥에 누운 병사

병법도 잊었느냐
은폐도 하지 않고
고지가 저기인데
생각부터 기었느냐
번개검
휘둘러대도
당당하게 맞서야지
　　　-「담쟁이덩굴」 전수

「담쟁이덩굴」은 포도나무처럼 줄기를 뻗어 벽돌 면이나 담장 등 절벽을 타고 오르는 관상식물인데 이를 시인은 '병사'로 은유하고 있다. 여기서 '군홧발'은 무자비함을 지닌 존재로 사람 또는 동물들의 발길을 뜻한다고 볼 수 있다. 담쟁이덩굴이 그런 군홧발에 무참히 밟혀 담쟁이덩굴 삶의 역사에 피 흘림을 보이며 '길바닥'에 떨어져 뒹구는 모습을 첫수에서 선보이고, 둘째 수에서는 평상시에 삶의 방법인 '병법'으로 위험에는 몸을 숨기고 있어야 하는 삶의 방법은 배워서 알았을 텐데 그리하지 못하는 것에 안타까움을 초, 중장에서 표하고 있다. 타고 올라야 하는 목표지인 고지가 멀지도 않았는데 실천은 그만두고라도 생각부터 기고 있었느냐고 힐책하고 있다. 종장에 쓰인 '번개검'은 날 센 무력이라고 볼 때 아무리 날 센 무력이 덤벼든다고 하더라도 이에 당당히 맞서 스스로를 지켜야 하는데 담쟁이덩굴이 무기력하게 무너지는 모습을 보며 이를 안타까워하는 마음으로 맺음을 하고 있다. 여기까지 해석은 표면적인 의미에 의한 피상적인 살핌이다. 아마도 시인은 심층적으로는 역경을 이기고 자기 목표를 당당히 이룩하기를 바라는 인간 세상의 소망을 이 담쟁이덩굴에 의탁하여 표현하였다고 본다. 삶의 방식을 잘 익혀 인간이 자기 능력을 극대화하기를 기원하는 작품이라고 생각된다.

   다홍으로 익던 세월 꽃처럼 웃으면서
   벼락과 뙤약볕도 보약으로 삼키니
   바람이 치켜세울 땐 하늘도 휘저었지

   바람도 무거운데 세월까지 얹어져
   한 마리 날갯짓도 가슴 떨던 새가슴
   떨어진 눈길 밑에서 어떤 생존 익힐까

- 「낙엽의 일생」 전수

이 작품은 여름의 기운을 담은 늦가을의 상황과 닥쳐올 겨울을 상정하고 쓴 시조이다. 첫수는 여름날의 천둥, 번개와 뙤약볕을 받아 성장의 계절을 지내고 다홍으로 물이 든 가을 단풍이 꽃처럼 환하게 웃음을 날리며 서늘한 가을바람에 가지를 흔들며 잎이 흔들린다. 이 잎이 흔들리는 모습을 시인은 '하늘도 휘저었지'하고 표현하였다. 그런데 이때의 가을바람은 잎의 입장에서 보면 단순한 바람이 아니다. 그 바람 소리는 죽음을 재촉하는 저승의 소리일 수도 있다. 종장에서 하늘도 휘저었다고 하였지만 실은 하늘을 휘저은 것이 아니고 하늘로의 잎 넋들의 승천이라고 볼 수도 있다. 그래서 그 바람도 무거운데 거기다가 저무는 세월까지 잎에 얹어져 있다. 이에 잎들은 새가슴처럼 조마조마하며 날갯짓을 한다. 낙엽이 날아다니는 것을 '한 마리 날갯짓'이라고 표현하였다. 낙엽은 결국 흩어져 이리저리 날아다니다가 어느 골짜기에 떨어져 눈발에 묻혀 흙으로 돌아간다. 이 뻔한 자연의 순리를 그 '눈길 밑에서 어떻게 살까' 하는 설의적 의문문 형식으로 맺음하고 있다. 무 생명인 낙엽에 생명을 불어넣어 인간화시켜 표현한 작품이다.

본 듯한 얼굴인데 어디서 보았을까
멀리서 바라봐도 안기듯 푸근하고
바람만 스쳐 지나도 꽃향기로 뜨는 달

담백한 목마름에 동동주 한잔하고

살아온 이야기를 귀 기울여 들어보면
　　전설로 타고 내려와 빛으로 빚은 사랑

　　터엉 텅 비운 소리 평화롭게 울려와서
　　어둡고 깨진 소리 여기 와서 멈춰서니
　　각이 진 눈빛도 꺾여 동그랗게 머문 달
　　　　-「달항아리」전수

　보름달처럼 둥글게 빚어진 항아리라고 하여 붙여진 이름이다. 으레 이 항아리는 백색이려니 한다. 그러나 다른 색으로 빚어진 것도 있다. 여기서는 흔히 볼 수 있는 달항아리를 두고 쓴 작품이다. 그 모양이 둥실둥실한 것이 우리가 흔히 말하는 맏며느리 얼굴 모양이다. 맏며느리는 포용력이 있고 주변을 아우르는 심성을 가지고 있어야 한다고 한다. 평범함 속에 그윽함이 있는 것이 맏며느리 상이다. 이 항아리가 바로 그런 모습이다. 그래서 시조 속에서 '본 듯한 얼굴'이라고 표현한 듯하다. 은은한 둥근 모습을 띠고 있기에 이 항아리를 밤하늘의 '달'로 은유하여 표현하고 있다. 달항아리로 명성이 깃든 것은 국립중앙박물관에 보물로 지정되어 소장되어 있는 백자 달 항아리이다. 이 항아리는 청결, 민족정기 등의 속성을 담고 있는 귀족풍의 작품이다. 이에 비하여 둘째 수에서 소개되어 등장하는 항아리는 매우 서민적인 달항아리이다. 막걸리(동동주)를 담아 따라 마시는 용도의 달항아리이다. 여기에는 서민들이 애달프게 살아온 순박한 삶의 이야기가 깃들여 있다. 비움은 채움을 전제로 한다고 한다. 이 달항아리는 텅 비어 손끝으로 퉁기기만 해도 평화로운 소리가 울려 퍼진다. 그러나 그 속에는 어두운 삶, 깨어진 삶의 파편 같은 것들이 가득함을 떠올리게 한다. 그래서 부드러움이 아닌 각진 눈빛도 꺾여 달항아리의 몸통에 서려 있다고 시인은 말하고 있다. 애잔한 서민적 삶의 이야기가 들려오는 듯한 달항아리의 모습을 형상화한 작품이다.

    육안이 무너지자 미몽으로 갇힌 세상
    어쩌다 한 눈 뜨고
    어쩌다 한 눈 감고
    남 허물 흔들거리면 부질없이 삐졌지

    코 위에 걸친 세상 심안으로 눈을 뜨니
    한없이 밝아지고
    끝없이 아름답고
    무한대 기호로 보니 돋아나는 새 빛깔
        -「안경(∞)」전수

  타고난 맨눈인 '육안이 무너지자'란 말은 바르게 볼 수 있는 기능을 상실한 눈이라는 뜻이다. 사리 판단을 바르게 할 수 없는 눈이 된 것이다. 그래서 세상이 흐리멍덩한 정신 상태에 갇힌 모습으로 보인다. 한 눈은 떴으나 감은 것과 마찬가지이다. 그런 눈으로 남의 허물을 혼란스럽게 바라보고 그것이 바로 본 것인 양 우쭐대는 한심한 삶을 표현하고 있다. 그래서 잘못 보는 자신의 모습을 바로 보는 자신의 모습으로 만들기 위해 안경을 썼다. '안경'은 사물을 바로 보게 하는 매체이다. 이를 코 위에 걸치고

비치는 세상 사물을 마음의 눈으로 보니 새로운 세상을 만난 듯 어둡던 현실이 밝아지고 아름답게 보여 마음이 뿌듯해짐을 표현하고 있다. 안경을 쓰기 전에 보는 현실과 안경을 쓴 후에 보는 밝고 환한 현실을 전후 수로 대비하여 표현하여 보여주고 있다. 제목의 (∞)는 안경의 이모티콘인 것 같다. 젊은이들과의 교감을 위해 배치한 기호로 이해된다.

>
> 마음까지 때 절면
> 그제야 닦고 턴다
> 살갗이 반지르르
> 광택제 발랐는데
> 원죄를
> 못 벗어났는지
> 씻어내도 까만 차
>
> 먼지 묻고 냄새나도
> 흰 차를 샀더라면
> 겉만 슬쩍 닦아도
> 윤기가 흐를 텐데
> 못 벗어
> 안타까운 생
> 품고 사는 죄의식
> -「세차」전수

작품 「세차」는 사물을 인생에 접목하여 표현하고 있다. 한 사람의 인간성은 타고난 것일까, 아니면 후천적으로 만들어진 것

일까. 이 시조에서는 이를 선천적으로 타고난 것으로 인식하고 있다. 이 작품에 등장하는 차는 인간을 은유한 말로 '까만 차'는 아무리 닦아내도 순결한 모습을 보일 수 없는 '원죄'를 짊어진 인간이다. 그래서 마음을 닦아내면 광택이 나기를 시인은 바라고 있었지만 아무리 씻어내도 원죄에 찌든 모습은 변화가 없다. 차라리 먼지 묻고 냄새나고, 열심히 갈고 닦지 않아도 모습이 '하얀 차'를 샀더라면 하는 후회를 하고 있다. 즉 본디부터 선하고 죄가 없는 순수 인간이었으면 좋았을 텐데 그렇지 못함을 하나의 죄의식으로 가슴에 품고 사는 신세가 되었음을 한하고 있다. 죄의식의 모습과 이를 반성하는 모습을 전후 수에 대비시켜 표현하고 있다.

징검다리 같은 혹한
아장아장 밟으니

메마른 땅심에도
꿈틀대는 피돌기

멍울진
어혈 풀리자
웃음 터진 홍매화
　　-「봄비」전수

보통 봄비의 이미지는 새 생명을 깨우는 전령이 되어 만물에 기쁜 소식을 전하는 역할을 한다. 그래서 한겨울 죽음의 늪에 갇혀 있던 나무며 풀의 촉을 깨워 세상에 나오라고 재촉하고, 또 생명을 북돋아 준다. 이 작품에도 그런 모습이 나타나 있다. '징검다리 같은 혹한'은 지금은 차츰 사라져가고 있지만 겨울의 대명사가 되고 있던 삼한사온의 날씨를 표현한 말로 생각된다. 그 혹한을 아주 조심스럽게 발 디딤하고 와 봄의 기운을 나누어주는 봄비의 모습이 초장에 보이고, 이에 따라 꽁꽁 언 메마른 땅에 생명의 기운이 꿈틀대고 산천초목의 멎었던 핏줄에 다시 생명의 피돌기가 시작되고 있음을 중장에 배치하였다. 드디어 한겨울에 눌려 지내던 생명의 맺힘인 '멍울진 어혈'은 풀려 흐드러지게 홍매화가 되어 피어난다. '멍울진 어혈'은 홍매화의 붉은 기운을 은유한 말이다. 이 작품에서 '봄비'는 생명 기운의 조력자로 이 조력자의 도움을 받아 '홍매화'가 겨울을 벗고, 맨 처음 봄을 알리는 꽃이 되고 있다. 시상이 순차적이고 심층적이다.

    산의 속살 밟을 때는 추운 줄 몰랐는데
    씻으려고 앉은 물가 발끝까지 시려오네
    솔향기 씻겨갈까 봐 조심조심 문지른다.

    쪼르륵 약수터는 푸르른 고향 소리
    귀대고 들어보면 먼 세월 내려앉고
    못다 핀 청춘의 꽃이 이순 넘어 웃는다.
        -「맨발 걷기 (2)」전수

고요 속에 육감적인 정서가 표출된 시조 작품이다. 이 작품은 부제로 '약수터'라고 한 것으로 보아 산림욕장에 있는 약수터에 흐르는 물과 그 약수터를 시적 대상으로 하여 시상을 전개하고 있음을 알 수 있다. 첫수는 약수터 물에 발을 담그고 그 느낌을 표현하고 있다. 원래 약수(藥水)는 지심 속에 있는 물이 바위틈으로 스미어 나오는 물로 마시거나 바르면 몸이 좋아진다는 효험 있는 물이다. 산속 산림욕장 흙길을 걸을 때에는 그냥 서늘한 줄만 알았는데 노독(路毒)도 풀을 겸 약수가 넘쳐흐르는 물가에 앉아 발을 씻으려니 발끝이 시리도록 차가웠다. 요란스레 발을 씻으면 몸에 배인 '솔향기 씻겨갈까 봐' 조심조심 발을 문질러 닦았다. 시적 화자의 이런 표현은 자연의 향취를 즐기는 마음을 느끼게 한다. 둘째 수는 약수터에 흐르는 약수 물소리에서 어릴 적 꿈 많은 시절의 고향 소리를 듣는다. 그러나 거기에서 들리는 소리에는 지금은 먼 옛적 이야기가 되어 가라앉고 그때의 '못다 핀 청춘의 꽃' 같던 젊음은 이미 떠나고 세월이 이순(耳順)을 넘어서야 고향에 대한 그리움이 웃음으로 나타나고 있다. 사향의 마음을 은근히 표출한 작품이다. 시인의 고향 양양은 명산 설악산이 버티고 있고, 오색 양수가 있어 여행객의 눈과 입을 즐겁게 하는 유명 유람지이다. 그래서 많은 관광객이 붐비는 곳이다. 이곳에서 지냈던 시인의 어린 날이 가슴에 그림처럼 자리 잡아 이를 잊지 못하는 심성이 엿보인다.

바람과 흙과 함께 살다 가신 조상님은
춤추고 노래했던 별처럼 먼 얘기를
흙 속에 웃음꽃 심어 자랑하고 싶었나 봐요

농사짓고 고기 잡고, 재미있게 산 흔적

동그랗게 눈을 뜨고 입 크게 벌린 모습
그 얼굴 표정만 봐도 다 알 수 있어요

볼 때마다 미소 지어 내 얼굴 다가가니
머언 님 오시듯이 눈웃음 스며들어
이웃과 마주할 때면 웃음꽃 피울게요
 - 「웃는 얼굴」 전수

   신석기 시대 유적에서 발굴된 움집터, 돌화살촉, 돌도끼, 돌자귀, 덧무늬토기 등을 전시해 놓은 곳이 양양의 선사유적박물관이다. 이 박물관에 전시된 유물 중 신석기 시대의 수렵, 어로 모형 토기와 토제인면상(土製人面像) 등을 보고 그 느낌을 표현한 작품이다. 특히 토제인면상은 흙으로 빚은 웃는 사람 얼굴상이다. 웃음을 머금고 있는 이 인면상은 마치 신라의 '천년의 미소'의 기왓장보다 수천 년 이 땅의 우리 선배, 조상인 셈이다. 웃음을 머금고 있는 토제인면상으로 유추해 볼 때 첫수는 미소 띤 모습으로 생활하며 즐기는 토기들의 모형을 통해 근심·걱정 없던 시대상을 느끼게 하고 있으며, 둘째 수에서는 실제에 이루어졌을 생활상을 모형으로 만들어 놓은 것을 보고 농사짓고 고기 잡으며 즐겁게 살았던 당시의 모습을 느끼고 있음을 표현하고 있다. 이 작품은 단순했던 삶의 시절에는 생각도 단순하여 근심 걱정이 없었는데 사회가 복잡해지면서 근심 보따리가 늘어나고 있음을 느끼게 하고 있다. 아울러 시인은 유서 깊은 이 고장이 자기의 고향임을 하나의 자긍심(自矜心)으로 보여주고 있다. 마지막 수에서는 전시실 곳곳에서 묻어나는 웃음에 마음이 동화되어 몰입하다 보니 이 전시물들이 머언 곳에서 임이 온 듯 반가웠음을 말하고 있다. 어쩌면 유머리스트인 명강사 박 시인은 고향 신석기 시대의 웃는 얼굴상이 자신의 조상이자 그 조상의 분신으로 생각하고 찌든 세상 다 잊고 시인도 유머 강사로 웃음꽃을 피우며 실천하고 있는 줄도 모르겠다.

    오르막 계단 올라 좁은 문 들어서니
    세상의 겉옷들을 벗어놓고 오라 하네
    세월 속 키운 자존과 힘겨루기 하잔다

    손바닥 크기만 한 두어 평 믿음의 방
    들어서자 꽉 차 있는 십자가와 푸른 하늘
    눈 감고 두 손 모으자 펼쳐지는 지난 날

    바람이 읽어주는 침묵을 들으면서
    비좁은 공간에서 한없이 넓은 생각
    가난한 영혼 앞에는 굽어보는 십자가
       - 「천상의 정원」 전수

옥천의 수생식물학술원 둘레길을 돌다 보면 대청호를 바라보는 언덕배기에 새집처럼 바위틈에 지어놓은 교회당이 있다. 너무나 작고 소박하여 무엇이 끼어들 틈이 없다. 기독교 신자가 아니라도 소원을 빌면 정말 들어줄 것 같은 곳이다. 첫수는 교회당은 성스러운 곳이기에 시속(時俗)의 물이 든 찌든 겉옷은 벗고 진실한 마음만 가지고 들어오라고 하는 듯하다. 세상에 겉옷은

'세월 속 키운 자존'인데 이를 벗으라 하니 시속과 탈속이 힘겨루기 하는 것 같다고 시조의 문을 열고 있다. 둘째 수는 교회당의 모습과 교회당 안에서의 마주친 모습을 보며 '눈 감고 두 손 모으자' 자신이 과거에 지내온 삶의 모습이 오버 랩 됨을 말하고 있다. 그리고 셋째 수에서는 바람이 들려주는 믿음의 말씀을 말없이 앉아서 듣고 있노라니 두어 평 남짓한 교회당 공간이 한없는 넓은 생각을 품고 느끼게 하고 있다. 믿음의 상징인 '십자가'는 이 시조 속의 '가난한 영혼'인 시적 자아를 굽어보며 믿음을 나누어주고 있다. 한 마디로 이 작품은 세상에서 가장 작은 교회당에 들려 신실한 믿음의 세계를 체험하고 느끼게 되었음을 표현하고 있다.

옳거니 그르거니 각성바지 마을로
악다구니 산세에 재갈바위 채우고
사발에 증오를 담아 제사 지내 묻었네

말은 같은 말인데 꿈이 서로 다르다며
마총(馬塚)이 아니고 언총(言塚)이라 불려서
동방의 판도라 상자 열어보고 싶었다

돌덩이에 얻어맞듯 와장창 깨진 생각
침묵보다 뛰어난 한마디를 되새기며
하늘빛 천년의 지혜 유산으로 빛나네
　　　－「말 무덤(言塚) 1」전수

옛날 마을에 각성바지들이 모여 살았는데 문중 간에 싸움이 한시도 그치지 않았다. 어느 날 이 마을을 지나던 풍수 과객이 산의 형세를 보고 "좌청룡은 곧게 뻗어 개의 아래턱 모습이고, 우백호는 구부려져서 길게 뻗어 위턱 모습이어서 개가 짖어대는 형상이니 마을이 시끄러울 수밖에 없다."라고 했다. 실제로 대죽리를 둘러싼 야산의 모습은 개가 입을 벌리는 듯해 '주둥개산'으로 불려 왔다. 그 과객은 말싸움을 그칠 처방으로 개의 송곳니 위치인 논 한가운데에 뾰족한 바위를 세우고, 개의 앞니 위치인 마을 길 입구에 재갈 바위를 세워서 개가 짖지 못하게 하고 주둥개산에 큰 구덩이를 파고서 사람들에게 사발을 가져오도록 해 서로에게 던졌던 비방과 욕설, 서로에게 지녔던 원망과 미움의 마음을 사발에 모두 뱉으라고 한 뒤 이것들을 땅에 묻어 말(言) 무덤을 만들게 했다. 이런 일이 있고 나서 실제로 말싸움이 없어졌다고 한다. 이런 사연을 옮겨 시조화한 것이 첫수이다. 둘째 수는 말 무덤이라고 하는 의미를 풀어 설명해 주고 있다. 말은 같은 음이지만 말(馬)이 아니고 말(言)이라고 하여 말 무덤 언총(言塚)이 되었다고 풀이해 주고 있다. 도대체 무슨 말들을 모아 묻은 무덤인지 열어서는 안 될 판도라 상자 같은 이 말 무덤을 시인은 열어보고 싶다고 하고 있다. 열어보면 무슨 말들이 튀어나올지는 모르지만 그리스 신화에 나오는 이야기처럼 온갖 재앙과 불행이 쏟아져 나올 수도 있는데 호기심 많은 시인은 이를 열어보고 싶다고 하고 있다. 에비! 큰일 나지. 그냥 두는 게 좋을 듯하다. 셋째 수는 우리가 보통 생각했던 것과는 다른 모습이 숨겨져 있기에 사뭇 '돌덩이에 얻어맞듯' 함을 느끼며 이 말 무덤이 들려주는 전설적인 이야기를 마음에 새기며 가다듬어 생각하니 그 말 무덤은 '하늘빛 천년의 지혜 유산'으로 우리 앞에 빛나고 있다고 마무리하고 있다. 말 무덤을 통하여 인간 삶의 조화로움을 깨닫게 되었음을 시인은 작품으로 보여주고 있다.

 반짝인 좋은 생각 어디서 구했을까
 수천 년 잠을 자던 미지의 섬을 깨워
 보랏빛 단장한 처녀 영락없는 천사네

 천사의 섬에 들어 나의 죄 비춰보니
 하늘과 땅 사이에 감출 곳이 없어서
 철썩인 보랏빛 매질 뙤약볕에 벌서다

 천년의 물 향기로 허물을 씻어내고
 깔맞춤 치장하고 네 생각 물들이면
 고운 빛 영그는 사랑 보라해를 새긴다
  -「퍼플 섬」전수

신안군에는 천 네 개의 섬이 있는데 이를 천사(千四)와 (天使)의 두 가지 뜻을 겸비한 시어로 사용하여 중의적인 수법을 보여주고 있다. 이 천 네 개의 섬 가운데 셋은 특히 퍼플 섬(보랏빛 섬)이라고 하였는데 이를 '반짝인 좋은 생각'이라고 한 것 같다. 이 세 섬에 이름을 붙여준 이는 누구인지 모르지만 그는 '수천 년 잠을 자던 미지의 섬'을 깨워서 보랏빛으로 단장을 해주었으니 '영락없는 처녀 천사' 같다고 말하고 있다. 그 천사의 섬에 들어가 시적 자아의 죄를 비춰보니 한 점 죄도 감출 곳이 없이 전부

탄로나 있어 철썩이는 보랏빛 매질을 받고 따갑게 내리쬐는 한여름 땡볕 아래에서 벌을 서고 있다고 하고 있다. 그래서 그 죄를 씻기 위해 퍼플 섬에 있는 '천년의 물 향기'가 스민 바닷물로 죄의 허물을 씻어내고 시적 자아도 섬과 유사한 색조에 맞추어 섬과 동색(同色)이 되면 그 고운 빛이 사랑스럽게 영글어 무지개의 마지막 색(보라해)처럼 변하지 않고 영원하리라는 생각을 새기고 있다. '보라해'라는 BTS 펜클럽에 등장하는 신조어를 사용하여 신선감을 도모하고 있는 작품이다. 이 퍼플 섬은 섬 전체의 가옥, 다리, 들판의 꽃들은 물론 사람들이 입는 일상복까지도 보라색으로 깔맞춤한 섬으로 매우 인상적인 모습을 보여주고 있는데 이 시조는 이를 잘 표현하고 있다.

아이의 눈빛으로 꿈을 좇아 본 하늘
그리운 별들은 가슴속 동화(童話)되고
생각이 생각을 넘어 무지개를 띄웠네

바람의 기도 소리 햇살을 품에 안고
손잡고 키운 꿈이 하늘 문 두드리니
열렸다! 하늘의 자손(天孫) 가슴 열고 반기네
　　　-「하늘 문 열다」전수

이 작품은 지난해(2022년)에 발사한 누리호 2차 발사를 소재로 하여 쓴 시조이다. 올해(2023년) 7월 10일 같은 곳에서 누리호 3차 발사가 성공되어 정상 궤도에 진입하고, 이에 실어 보낸 도요샛 큐브 위성 4기도 정상적으로 사출되어 제 궤도를 돌고 있어 이제는 어엿한 우주 시대의 주역으로 자리매김하며 G7 우주 강국이 되었다. 밤하늘의 별은 동심 세계에선 미지의 꿈이 서린 하늘의 꽃송이들이다. 이 별들을 향해 발사한 우리의 발사체 누리호는 모든 이의 가슴에 휘황한 꿈인 '무지개'를 띄웠다. 우주의 바람 소리, 성공을 기원하는 기도 소리가 찬란한 내일을 꿈꾸는 햇살을 품고 누리호는 허공을 박차고 올라 닫힌 우주 공간을 활짝 여는 쾌거를 이룩했다. 이 누리호를 하늘도 '하늘의 자손(天孫)'으로 반겨주고 있다고 시인은 말하고 있다. 우주의 기운과 우리의 능력이 서로 호흡을 맞춰 우리가 우주 시대 주역의 하나가 되었음을 표현한 작품이다.

아직도 내 바다엔 다 부르지 못한 노래
소금기 절인 꿈을 한세월 쏟아내도
비린내 묻은 별빛만 아려오던 대천항

수천 년 에인 사랑 쪽빛으로 더 아프고
밤새운 하얀 기도 철썩이며 울부짖다
멀어진 파도 끝에서 굳어버린 원산도

서로가 그립다고 일월로 출렁이더니
먼 세월 언약들이 윤슬로 꿰어지고
손잡은 바다 감성을 햇살처럼 안았네
  -「사랑 터널」 전수

자연은 참으로 무궁하다. 자연엔 무궁한 모습이 있고, 무궁한 소리가 있고, 무궁한 사연, 무궁한 노래, 꿈이 있다. 이것이 인간에게 옮겨와 무변 무궁한 모양으로 나타나고 있다. 시인은 대천 바다에서 이를 느끼고 있다. 바다의 파도가 철썩이는 소리를 시인은 노래로 보고 있다.

 파도가 칠 때마다 다르게 소리 내는 것을 '다 부르지 못한 노래'라고 표현하였다. 그 노래 속엔 '소금기 절인 꿈'이 있고, 숱한 세월이 있는데 이를 아무리 쏟아내도 '비린내 묻은 별빛'이 아리게 다가오는 곳이 대천항이다. 대천 앞바다는 에인 사랑이 쪽빛으로 다가와 아픔을 주고 있다. '밤새운 하얀 기도'는 밤새워 철썩이는 파도의 포말로 이들은 무슨 설움을 짊어지고 울부짖는다. 그 울부짖는 파도 끝에 아픔으로 굳어버린 원산도가 있다. 별빛 아린 대천항과 기도하다 아픔으로 굳어버린 원산도는 서로를 그리워하며 밤낮없이 출렁이다 파도의 물무늬로 서로가 손잡은 듯 땅속으로까지 이어져 '먼 세월 언약'인 만남의 약속을 지켜 무한한 꿈의 세월과 쪽빛 사랑을 가진 바다의 감성을 빛나게 안는다. 이 마지막 수는 앞 두 수를 아우르는 역할을 하고 있다.

  아득히 높은 곳에 발톱 감춘 날짐승이
  최상위 포식자로 햇빛도 가렸던 곳
  공기 맛 다르다면서 내려 보며 살았지

  땅바닥 꺼지도록 쿵쾅대던 길짐승이
  헛기침 에헴, 하면 낙엽처럼 엎드렸고
  이 맛에 산다 하면서 휘젓던 그곳이다

〉
이제야 찾은 하늘 자유 공기 흐르고
잠겼던 빗장 풀자 반짝이는 웃음들
어둡던 역사 우리에 봄 햇살이 부시다
  -「청와대 개방」전수

　폐쇄(閉鎖) 공간에서 개방(開放) 공간으로 바뀐 청와대의 모습을 표현한 시조이다. 권위주의적인 시대에 태어나 최고의 권력을 누리며 많은 이들을 두려움에 떨게 했던 청와대의 '날짐승' 그는 누구인가. 그 날짐승은 최상위 포식자로 뭇 국민 위에 군림하며 국민들이 누릴 따듯한 혜택인 햇빛도 가렸다. 그러면서 날짐승은 거기 살아보니 평범한 이로 살 때보다 살맛이 달라졌다고 자족 자만하는 모양새를 첫수에 담고 있다. 둘째 수는 날짐승에 붙어 아양 떨며 호가호위(狐假虎威) 권력을 누리는 이들인 '길짐승'이 무슨 말(헛기침)을 하면 국민들은 떨며 떨어지는 낙엽 같은 존재가 되어 무기력하게 그들에 순종하니 그들 길짐승은 기고만장(氣高萬丈)하여 허세를 부렸던 곳이 청와대임을 표현하고 있다. 그 권위와 억압의 산실이었던 청와대가 일반 시민에게 개방되어 갇혔던 무거운 공기가 사라지고 가볍고 밝은 분위기가 흐르고 시민들의 웃음이 반짝이며 퍼지고 있다. 옛날에는 꼭꼭 잠가놓은 금지구역이었기에 보지도 볼 수도 없는 어두운 역사의 우리였는데 이제는 국민들 앞에 활짝 열려 포근하게 웃고 즐기는 자유로운 공간이 되었음을 표현하고 있다.
　박 시인은 이번 시조집에서 80여 수의 작품을 5부로 나누어 싣고 있다. 이번에 발표하는 시조들을 통하여 박 시인의 시조 세계를 유추해 보면 원초적인 인간 심상을 작품에 적용하여 이를 악마적 심상과 묵시적 심상으로 대비시켜 표현함으로써 한편 한 편이 천상 지향성을 추구하고 있음을 알 수 있다. 또한 자연 섭리도 무시하지 못할 만큼 제시하여 세상의 이치를 긍정적으로 표현해 보이기도 하였다. 이런 계통의 작품은 일반적으로 그 표현 방법이 비구상적 시어를 사용하여 추상적으로 묘파 될 때가 많은데 박 시인의 경우는 현실적이고 현상적인 자연 현상이나 사회 현실을, 구상어를 사용하여 시조로 형상화하여 현실감을 더욱 느끼게 하고 있었다. 한 마디로 현 사회 현실과 첨단 사회의 변화에 민감한 반응을 보이는 시인이라 하겠다.

시조는 그 시대에 일어나는 일들을 곡조로 표현한다고 하여 시조(時調)란 명칭을 얻게 되었는데 이를 실증적으로 실천하는 시인이 바로 박 시인이라고 본다. 특히 시조집 앞부분을 차지한 시조들을 보면 「AI 인간」 「챗GPT의 명암」 「성격유형검사(MBTI)」 「드론 배달」 「보이스 피싱」 「서빙 로봇」 「이모티콘」 「내비게이션」 「K-콘텐츠의 열풍」 「트로트 공화국」과 같은 첨단을 자랑하는 현시대의 새로운 용어들을 시제로 등장시키고 있다. 이런 시어의 참신성으로 현시대의 환경과 삶의 내용을 담아내고 있다. 아무래도 박 시인은 이 시대에 앞서가는 시조의 영역을 개척하여 시조에서 선도적인 역할을 하는 시인이 될 듯하다.

시조에서 이런 용어의 등장은 처음인 것 같아 더욱 앞으로의 박 시인의 시적 행보가 주목된다. 흔히들 시조를 "언어의 감옥"이라고 하는데 이는 생각과 느낌을 정형의 짜인 틀 속에서 표현해야 하기에 나온 말이다. 그래서 이를 자유롭게 표현하기는 쉽지 않다. 그런데 박 시인은 이를 잘 이용하여 자연스럽게 시상을 전개하고 있으며, 독자와의 공감대를 위하여 시인의 상상력과 오감을 독자에 맞춰 잘 표현하고 있다. 앞으로 더욱 평범(平凡) 속에 비범(非凡)한 시상을 전개하여 시조단에 새바람을 불어넣기를 기원한다.

시 한 줄에 매달린 정
박봉주 시조집

발 행 일	2023년 10월 31일
지 은 이	박봉주
발 행 인	李憲錫
발 행 처	오늘의문학사
출판등록	제55호(1993년 6월 23일)
주 소	대전광역시 동구 대전로 867번길 52(삼성동 한밭오피스텔 401호)
전화번호	(042)624-2980
팩시밀리	(042)628-2983
카 페	http://cafe.daum.net/gljang (문학사랑 글짱들)
	http://cafe.daum.net/art-i-ma (월간 충청예술문화)
전자우편	hs2980@daum.net
계좌번호	농협 405-02-100848(이헌석 오늘의문학사)

공 급 처	한국출판협동조합
주문전화	(02)716-5616
팩시밀리	(02)716-2999

ISBN 979-11-6493-293-1
값 10,000원

ⓒ 박봉주 2023

* 이 책의 판권은 저작권자와 오늘의문학사에 있습니다.
* 이 책은 E-Book(전자책)으로 제작되어 ㈜교보문고에서 판매합니다.
* 잘못 만들어진 책은 구입하신 서점에서 교환해 드립니다.
* 이 책은 대전광역시와 대전문화재단에서 사업비 일부를 지원받았습니다.